uo
Hamburg to
0.86 H.Heidemann

Hudemann / Gramm

Alsterspaziergang

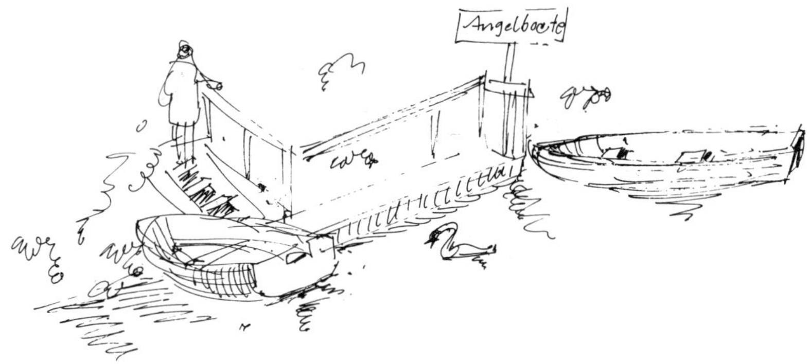

Kann ich nicht lesen –
Segelschule Mistral
Am Fährdamm

Hilde Hudemann · Rita Gramm

Alsterspaziergang

von der Quelle bis zur Mündung

Christians

So müßte die
Alsterquelle aussehen.
Weg mit der häßlichen
Mauer

Alsterquelle
1986
1986

Die Quelle

„Jeder in Hamburg Geborene müßte verpflichtet sein, wenigstens einmal in seinem Leben hinzugehen, um dort mit übereinandergeschlagenen Armen seine Verbeugung zu machen vor der heiligen Quelle, der die Republik ihren schönsten Schmuck zu danken hat", schrieb Detlev von Liliencron in seinem Roman „Leben und Lüge". Nur wenige eifern dem Dichter nach: Im heutigen Naturschutzgebiet „Alsterquellenmoor", 26 Kilometer vor den Toren Hamburgs, in der Nähe des kleinen schleswig-holsteinischen Ortes Henstedt-Rhen, ist der Wanderer meistens mutterseelenallein. Eine bronzene Scheibe mit der Inschrift „Quellgrund der Alster", geschaffen von dem Maler Volker Meier, ziert den Ursprung des kleinen Flusses. Über 31 Meter hoch (für Statistiker: 31,2 Meter über Normalnull) liegt der Anfang der Alster.

Hamburgs willige Dienerin

Kein Bier ohne Alsterwasser! Nein, nicht von jener Mischung aus Bier und Zitronenbrause, die wir heute unter dem Namen kennen, ist hier die Rede, sondern von dem echten, einst in der ganzen Welt berühmten Hamburger Bier. Henning Conradius, deutsch-lateinischer Poet des 16. Jahrhunderts (gestorben 1594), wußte um die große Bedeutung des munteren Alsterflusses für die Hansestadt: „Meine flüchtigen

Wellen erreichen in Hamburg die Elbe. Willig diene ich dort, Mühlen treibend, der Stadt. Auch bereitet man dort aus mir ein köstliches Bierlein. Und verschifft's in die Welt, lieblich und süß im Geschmack!"

Lassen wir noch einen wichtigen Hamburger, den holsteinischen Grafen Adolf III., Gründer der Neustadt, etwas über die Bedeutung der Alster sagen: „Urbem Hamburg iuxta Alstriam sitam" (die Stadt liegt an der Alster) stellte er um 1189 fest. Ein Jahr zuvor hatte der Graf aus dem weitverzweigten Schauenburger Hause Hamburgs ersten Hafen in einem der Mündungsarme der Alster, dem heutigen Nikolaifleet, errichtet.

Was wäre Hamburg ohne die Alster? Nichts! Kein Haus hätte je gebaut werden können. Denn aus den einst dichten Wäldern entlang der Oberalster stammte das Bauholz für die mittelalterliche Fachwerkstadt. Straßen hätten nicht gepflastert werden können: Im Gebiet der Oberalster lagen die Findlinge, die zum Trottoir wurden. Kupfer für grünschimmernde Dächer kam ebenfalls von dort. Nun, im 20. Jahrhundert, hat das arbeitssame Flüßchen endlich Freizeit und darf sich putzen: Zur Zierde der Stadt, zur Freude der Menschen.

Gewiefter Kauf

Was so wertvoll ist wie die Alster, das müssen wir unser eigen nennen", meinten die gewieften Hamburger Kaufleute. Gesagt, getan. In den Jahren 1306 bis 1310 erwarb die Hansestadt für 1050 Mark Pfennige – für die gleiche Summe hätte man auch fünf Dörfer samt totem und lebendigem Inventar kaufen können – die Alsterwasser, von der Quelle bis zur Mündung. Niemand durfte jetzt ungestraft den Hamburgern das köstliche Naß abgraben. Sie entsprang damals übrigens noch an ganz anderer Stelle, nämlich in der Gegend von Sülfeld. Ein mißglückter Kanalbau, das Abholzen der umliegenden Wälder und das Abtorfen der Moore hat der „Alten Alster", die heute als dünnes Rinnsal bei Stegen in die Alster mündet, die Bedeutung als Quellfluß genommen. Zwar besaßen die Hamburger nun das Wasser der Alster, aber vor ihren mißgünstigen holsteinischen Nachbarn waren sie trotzdem nicht sicher. Begann doch an den Ufern das „Feindesland". Bürger, Geistliche, auch die Nonnen des Klosters Herwardeshude (Harvestehude) und die Stadt kauften ein Alsterdorf nach dem anderen auf: Fuhlsbüttel, Winterhude, Bergstedt, Poppenbüttel, Wulksfelde, Rade, Wohldorf....

Die Alster etwas weiter längs, schon ganz flott.

An der Alster am, Hohnerberg Heuernte beginnt 9. 6. 86

Am Schlappenmoor
18.6.86 H.

Ein Pleite-Abenteuer

Von der Schiffahrt verstehen die Hanseaten was! Und einen Kanal können sie natürlich auch bauen!? Die Lübecker hatten es erfolgreich vorgemacht. In den Jahren 1391 bis 1398 hatten sie den 9,5 Kilometer langen Stecknitz-Kanal gegraben. Das kostbare Lüneburger Salz konnte jetzt von Lauenburg an die Ostsee per Schiff transportiert werden. In damaliger Zeit ein großer Vorteil. Denn die Landstraßen verdienten ihren Namen nicht, waren grundlos, und Diebe lauerten hinter den Büschen. Anlaß genug für Hamburg, nach einem direkten Wasserweg nach Lübeck zu suchen.

Die Landkarte offenbarte es: Nur acht Kilometer trennen die Alsterquelle (bei Sülfeld) von der Beste, einem Nebenfluß der Trave. „Die Lübecker haben 9,5 Kilometer Kanalstrecke gebaut, wir benötigen nur acht!" Schnell war man sich in Hamburg einig und schloß am 19. März 1448 mit dem holsteinischen Herzog Adolf XI. einen Vertrag über den Bau einer Wasserstraße. Die beiden unterzeichnenden Parteien wollten je zur Hälfte die Kosten tragen, sich anschließend den Zoll, die Gebühr für die Benutzung des Alster-Trave-Kanals teilen. Ein feines Geschäft!?

abgemähte
Alsterwiese
im Morgendunst
Ein Storch flog auf.
18. 6. 86 H.

Ob die Vertragspartner vergessen hatten, einen Ortskundigen zu Rate zu ziehen, ist nicht überliefert. Auf jeden Fall übersahen Holsteiner und Hamburger eine „Kleinigkeit": den Hügel zwischen Alster und Beste. Er steigt von Stegen bis Sülfeld auf einer Strecke von 7,4 Kilometern um acht Meter an, und bis zur Beste fällt er auf einer Strecke von nur einem Kilometer gar um neun Meter. Ein fast fünf Kilometer langer Durchstich der Anhöhe sollte das Problem lösen. Genügend Wasser erhoffte man sich vom Sülfelder und Nienwohlder Moor. Die Bauarbeiten erwiesen sich als äußerst schwierig. Im Jahre 1453 hatte man das „Jahrhundertbauwerk" fast vollendet: Nur noch zwei Kilometer fehlten. Aber Hamburg war beinahe ruiniert, in der Stadtkasse herrschte wieder einmal Ebbe. Der Kanal mußte unvollendet bleiben. Bis 1452 hatte das kostspielige „Vergnügen" bereits 12 224 Mark, sieben Schilling und sechs Pfennig verschlungen. Das entsprach dem damaligen Jahresetat der Stadt.

Man machte das Beste aus der Misere. Die Alster war durch den Einbau zahlreicher Schleusen bis Stegen schiffbar; 1465 nahm man den regelmäßigen Frachtverkehr zwischen Stegen und Hamburg auf. Aber auch das war recht mühevoll, denn die Alster führte nur verhältnismäßig wenig Wasser. Flußab wurde gestakt. Für die ganze Strecke brauchte man zwei bis drei Tage. Im Schubverband von vier bis acht Schiffen ritt man gemeinsam auf der Welle, die sich beim Öffnen der Stauschleuse bergab ergoß. Äußerst beschwerlich ging

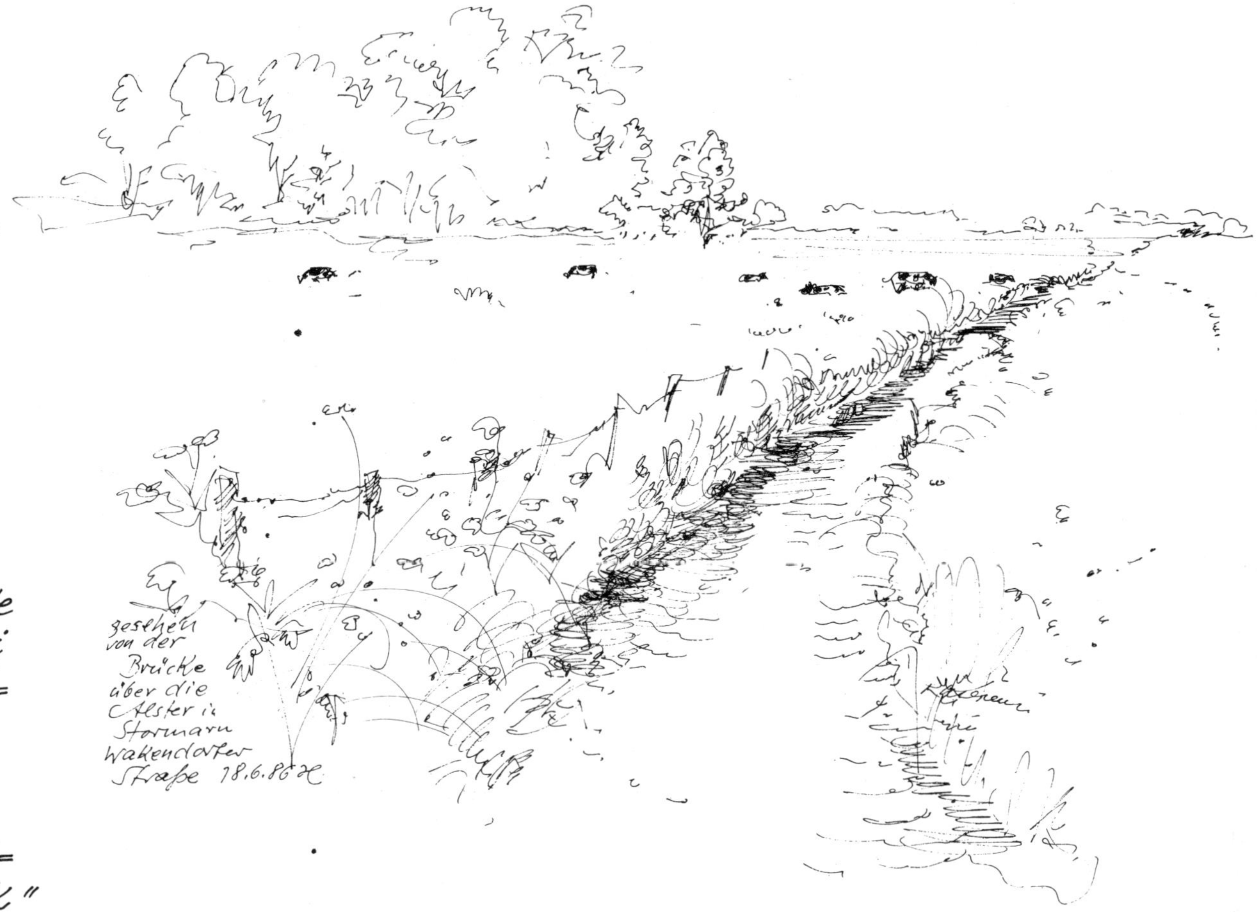

es bergauf. Die Fahrt währte acht Tage und mehr. Die Schiffe mußten gezogen werden, also am Leinpfad getreidelt werden. Bei diesem gewichtigen Tagwerk ließen die Herren der Schöpfung, wie in Arabien, den Damen galant den Vortritt. In einer Stunde schafften sie ein bis zwei Kilometer, je nach Strömung und Ladung. Die Alsterschuten waren flache Schiffe, die später auch „Steckelschiffe" oder „Alsterbock" genannt wurden. Ein Vollschiff war 23 Meter lang, 4,5 Meter breit und hatte einen Tiefgang von 60 Zentimetern. Es gab auch Halb-, Viertel- und Achtelschiffe. In die Stadt wurden in erster Linie Kalk, Steine, Torf, Kartoffeln, Sand und viel, viel Holz transportiert. Als Dung für die Felder schickten die Hanseaten flußauf den Mist der zahlreichen Stadtpferde, aber auch Lumpen für Papiermühlen und Werkzeuge. Die Alsterschiffahrt bewährte sich alles in allem. Noch Ende des 19. Jahrhunderts gab es einige Alsterschiffer.

Aber der große Traum vom Alster=Trave=Kanal war im 16. Jahrhundert noch nicht ausgeträumt. Am 14. März 1525 wurde mit vereinten Kräften ein neuer Anlauf genommen, die „watergraft" zwischen Lübeck und Hamburg „to vulendende und verdich to makende". Da die Holsteiner vom Kanalbau=Abenteuer die Nase voll hatten, mußten die Hamburger einen neuen Partner gewinnen: Lübeck bot sich an, die Hälfte der Baukosten zu übernehmen.

Im Jahre 1526 begannen die Bauarbeiten zum zweitenmal, und im August 1529 war es dann endlich soweit: Das erste Schiff konnte den neuen Kanal benutzen. 43497 Mark, 4 Schilling und 9 Pfennig hatte das Wunderwerk gekostet.

Zum Vergleich: Ein Pferd war damals acht Mark wert und ein Huhn sechs Pfennig. Nach heutigem Geld umgerechnet hat der winzige Kanal 300 Millionen Mark verschlungen. Eine stattliche Summe.

Nun sollte das Kunstwerk auch sein Geld wert sein, sprich: etwas einbringen. Aber da hatten die Hamburger mit Zitronen gehandelt. Der Kanal entpuppte sich als Zuschußbetrieb: Die Schleusen waren stets undicht. Das Sülfelder und das Nienwohlder Moor gaben nur tröpfchenweise Wasser ab: Es fehlte an der nötigen Fahrwassertiefe. Die Frachtkähne wühlten sich im Schlamm fest. 1550 war es mit der Pracht und Herrlichkeit vorbei. Der Alster=Trave=Kanal war nun eine Moorleiche, über die eine alte Hamburger Chronik berichtet: „Sie hefft vel gelt gekostet".

Zu allem Unglück mußte Hamburg die Last des „Fahrhundertwerks" auch noch fast allein tragen. Die Lübecker

Brücke bei der Segeberger Straße 18.6.86

hatten es nämlich mit der Bezahlung ihres Anteils nicht besonders eilig. Die Hamburger mußten in Vorleistung treten und einen Kredit aufnehmen. Am Ende erzielten sie dann zusätzlich einen Zinsverlust von 11520 Mark Pfennige.

„Steinkauz und Moderlieschen

Eins, zwei, drei im Sauseschritt eilt die Zeit, wir eilen mit!" Als munterer Bach windet sich die Alster durch Wiesen und Weiden, auf denen schwarz-buntes Vieh grast. Der Wanderer kann nur von einigen Brücken aus den Lauf des Flüßchens verfolgen. Stille herrscht in den Mooren, die seine Ufer begleiten: Schlappenmoor, Kayhuder und Wakendorfer Moor. Ein Paradies für seltene Vögel ist diese holsteinische Landschaft. Ornithologen beobachten dort zum Beispiel den großen Brachvogel, die Sumpfohreule, den Steinkauz, den Wachtelkönig, der auch Wiesenralle genannt wird, und natürlich zahlreiche Entenarten.

Hin und wieder sieht man Forellen springen,

6.6.89
Alster bei Naherfurt

stehen einsame Angler am Wasser. Sie haben nichts mit den Alster=fischern vergangener Jahrhunderte gemeinsam, die den Fluß fast leerfischten: Man wartete am Ufer, bis die Alsterschleusen geöffnet wurden und mit den Booten auch die Fische aus dem friedlichen Schleusenstau heraus=schossen. Beruhigte sich das Wasser wieder, dann irrten die auf=gescheuchten Aale, Lachse, Moderlieschen und Steinbeißer in den dünnen Rinnsalen umher. Mit Forken, Stechern und Knütteln rückten die Männer ihnen unbarmherzig zu Leibe. Barsche und Weißfische waren so zahlreich, daß man mit ihnen inner=halb einer Stunde einen großen Eimer füllen konnte.

Am Spät nachmittag
Alster bei Kayhude
wo sie einen Kringel macht

27 Meter bis zur Elbe

Nüchtern betrachtet ist die Alster ein rechter Nebenfluß der Elbe und mißt ungefähr 54 Kilometer. Über die genaue Länge ließe sich trefflich streiten, denn niemand hat sie zentimetergenau nachgemessen: So mag sie auch 52 oder 56 oder gar 59 Kilometer lang sein. Die Luftlinie von der Quelle bis zur Mündung beträgt 24,5 Kilometer. Das weiß man genauer. Das Gefälle bis zur Elbe beträgt gut 27 Meter, und mit ihren zahlreichen Nebenflüssen (manche verdienen diesen Namen nicht, handelt es sich doch eher um Gräben) entwässert sie ein Gebiet von 587 Quadratkilometern. Zum Vergleich: Die Landfläche der Freien und Hansestadt Hamburg ist 688 Quadratkilometer groß. Die tiefste Stelle liegt mit fast drei Metern in der Außenalster.

Frösche am Montag
Paddler am Sonnabend

Welch erbauliche Zeit ist heute an der Alster angebrochen: Kein Fischfrevler läßt sich blicken, und die hanseatischen Damen müssen auch keine schweren Lastkähne mehr ziehen. Auf dem Alsterwanderweg kann man von der Mündung bei der Schaartorschleuse bis fast zur Quelle wandern, spazierengehn, radfahren, Rollschuh laufen.

Bis Kayhude folgt der Weg getreulich dem sich in zahlreichen Mäandern windenden Alsterflüßchen. Anschließend entfernt er sich respektvoll und überläßt die Ufer den Vögeln, Fröschen, Schnecken, Schmetterlingen und vielen anderen Tieren.

Die Hamburger haben ihre Oberalster längst wieder für die Freizeit entdeckt: An schönen Wochenenden gibt's Gedränge auf den Wegen und auf dem Wasser. Nur ortskundigen Paddlern und Kanuten gelingt es dann, mit dem Picknickkorb im Boot ein stilles Plätzchen zu finden. Von montags bis freitags hingegen herrscht auf dem Alsterwanderweg, der teilweise auf den alten Treidelpfaden angelegt ist, himmlische Ruhe.

Aus dem Sumpf in die U-Bahn

Jedes Kind muß einen Namen haben. Aber was heißt, bitteschön, Alster auf Hochdeutsch? Zwei verschiedene Deutungen haben Heimatforscher herausgetüftelt. Die einen leiten das Wort aus dem Schwedischen ab. Nach dieser Theorie dürfte Alstra oder Alster so etwas wie „aus der Erde hervorgebrachtes, eilendes Wasser" heißen. Andere sind zu der Auffassung gelangt, daß der Name keltischen Ursprungs ist und von „al" abstammt, was soviel wie Sumpf und Morast heißt.

Viel besser wissen wir, was Hude bedeutet (Orte an der Alster: Kayhude, Winterhude). Hude = Lagerplatz. Hilde Hudemann, die dieses Buch gezeichnet hat, könnten wir also auch Frau Lagerverwalter nennen. Aber Hudemann klingt doch sehr viel schöner, also bleiben wir dabei.

Auch Büttel (Fuhlsbüttel, Poppenbüttel, Wellingsbüttel) ist in seinem Wortsinn eindeutig entziffert: Siedlung, Anwesen ist darunter zu verstehen. Noch einfacher ist es mit Wohldorf, das früher schlicht Walddorf hieß. Über den Namen Alsterdorf braucht man an dieser Stelle wohl kein Wort zu verlieren.

Viele dieser alten Dörfer sind heute Hamburger Stadtteile, und obwohl die sogenannten Walddörfer teilweise noch recht ländlich wirken, haben sie doch eine rasche Urbanisierung durchgemacht.

Als der Senat zum Jahreswechsel 1860/61 die lästige Torsperre aufhob, hielt es die Hamburger nicht mehr in der Stadt. Anfangs bauten sie sich Sommerhäuser vor den Toren, also an der Elbe und der Alster. Später zog es sie ganz hinaus ins Grüne. Die sich langsam entwickelnden Bahnverbindungen, U- und S-Bahn-Linien taten ein übriges. Eine kleine Statistik zeigt uns die wachsende Beliebtheit des Alstertals als Wohngebiet: 1907 lebten in den vier Gemeinden Wellingsbüttel, Poppenbüttel, Hummelsbüttel und Sasel 2525 Menschen. Heute sind es an gleicher Stelle mehr als 60 000 Frauen, Männer und Kinder.

Dicht bei Rade wo Forellen springen 18.6.86

Wo der Sielbek in die Alster mündet bei Rade 4.11.86

Wulksfelder Schleuse

Herr über 24 Bäche

Für einen so kleinen Fluß wie die Alster sind 24 Nebäche und -bächlein eine beachtliche Zahl. Die Hamburger kennen ihre Namen, denn die weißen Schiffe der Alsterflotte sind nach ihnen benannt: Bredenbek, Sielbek, Ammersbek, Saselbek, Susebek, Osterbek, Goldbek, Tarpenbek, Eilbek, Isebek, Aue, Rodenbek. So wie die Alster sind auch die Zuflüsse oberhalb der Fuhlsbütteler Schleuse romantisch und ursprünglich geblieben, südlich davon jedoch kanalisiert und langweilig.

Schweifen wir ein paar Sekunden vom Alsterpfade ab (zu Fuß dauert das natürlich länger!): Die Tarpenbek, ein kleiner munterer Bach (bek = Bach), ist das Hamburger Flughafengewässer. Fast auf der gesamten westlichen Ausdehnung des Areals begleitet die Tarpenbek das Fluggelände. Ganz anders die Ammersbek: Sie durchfließt den Wohldorfer Wald. Am Stau zum Kupferteich befindet sich auf einer kleinen Insel das 1712 errichtete Herrenhaus der Hamburger „Waldherren", die früher das Gebiet verwalteten. Das Haus dient heute kulturellen Zwecken.

Singschwäne auf der Ammersbek am Kupferhof 4.11.86

Kein Strychnin gegen Lohengrin

Sie stehen nicht auf der „Roten Liste" der vom Aussterben bedrohten Tierarten und genießen dennoch in Hamburg einen ganz besonderen Schutz: die Alsterschwäne. Gehegt und umsorgt von einem eigens dafür besoldeten staatlichen „Schwanenvater", können sie ihr weißes Federkleid in aller Ruhe putzen. Der Tisch ist für die rund 200 hanseatischen Höckerschwäne (Cygnus olor) das ganze Jahr über reichlich gedeckt: Den Sommer über schippern sie auf der Alster und ihren Nebengewässern, im Winter wird ihnen als gastliche Schwanenherberge der Eppendorfer Mühlenteich geöffnet, wo man das Wasser eisfrei hält. Kost und Logis für die stolze weiße Flotte zahlt Vater Staat.

Eine Mühlenabrechnung von 1591/92 belegt, daß schon damals Hafer, Gerste und anderes Getreide für darbende Schwäne bereitgestellt wurde. Mit Sicherheit besaßen auch die Schauenburger Grafen ein Herz für Schwäne. Zeigt doch das Wappen ihrer Grafschaft Stormarn jenen weißen Vogel mit dem langen Hals. Vom historischen Blickwinkel aus kann also das Lohengrin-Geschwader auf eine tausendjährige Geschichte zurückblicken.

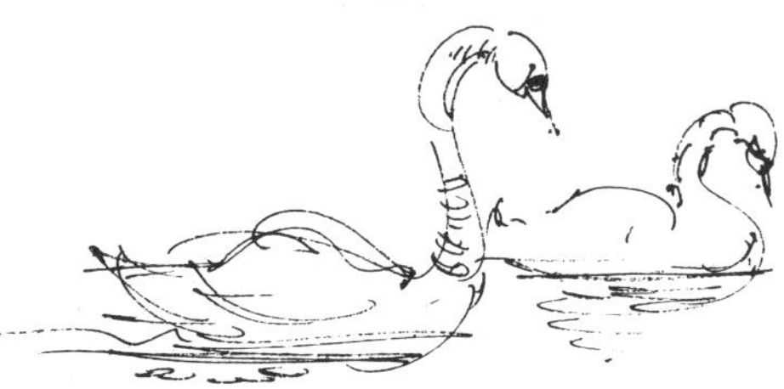

Roggenernte
Gut Wulksfelde
11.8.86
H. Ludemann
hinter mir
die Alster

Aber so ganz uneigennützig war die Liebe der Hamburger Ratsherren zu diesen Vögeln, denen man, damit sie nicht davonflögen, die Flügel stutzte, natürlich nicht. In erster Linie waren die Herren Senatoren nämlich Kaufleute und rechneten in Mark und Pfennig. Man gab zwar die eine oder andere Mark für Schwanenpflege aus, doch das Hobby zahlte sich aus. Denn als Gastgeschenk waren die imposanten Vögel allerorten sehr willkommen und auf jeden Fall ein preiswerteres Präsent als kostbare

Hubertustag im November. Der Hamburger Schleppjagd-Verein unterhält die älteste, aktive deutsche Meute des englischen Foxhounds

Erlen
Mellingburger
Schleuse 13.6.86

Handelsgüter wie Seide und Gewürze. Der älteste Beleg für ein derart nobles Geschenk stammt aus dem Jahre 1569. In einem Schreiben bedankt sich der Rat der Stadt Braunschweig für die großherzige Überlassung eines Schwanenpaares. Auch bei anderer Gelegenheit machten sich die Schwäne „nützlich". Für die traditionellen Petri= und Matthäi=Mahlzeiten Ende Februar wurden sie aufgeputzt: Ausgestopft mit ausgebreiteten, teils vergoldeten Flügeln, dienten sie als Tafeldekoration oder Schaugericht. Kochbücher aus dem 17. und 18. Jahrhundert belegen außerdem, daß Schwanenpastete ein durchaus gängiges Gericht war, wenn auch einschränkend bemerkt wird, daß der Schwan an Wohlgeschmack etwas zu wünschen übrig ließe.

Ein Tier, das sich auf so vielerlei Art und Weise trefflich verwenden läßt, muß einfach unter Schutz gestellt werden!
Am 12. Juni 1664 belehrte der Rat seine Bürger und alle Einwohner, daß es sich bei den Schwänen nicht um wilde, sondern um zahme Tiere handele und daß es bei strenger Strafe verboten sei, die Vögel zu „beleidigen", gar zu verletzen oder zu

töten. Daß man sich nicht immer daran hielt, zeigte jener verabscheuungswürdige Frevel aus dem Jahre 1900. Auf der Binnenalster wurden 18 verendete Schwäne gefunden, die man mit strychninvergiftetem Brot gefüttert hatte.

Mit welchem Bierernst die Hamburger Schwanengeschichte betrachtet wird, zeigt ein wissenschaftlicher Streit, der 1954 entbrannte. In dem großen Standardwerk „Die Alster" wiederholte Wilhelm Melhop 1932 die aus dem 16. Jahrhundert stammende Fama von einer Rente „zum Unterhalt der Armen und der Schwäne." Zwei Jahre später widersprach Professor Kurt Ferber auf das heftigste in seinem Aufsatz „Die Legende vom Vermögen der Alsterschwäne". Nach Ferber werden in dem alten Dokument nämlich nicht „cycnorum" (Schwäne), sondern „egenorum" (Bedürftige) erwähnt.

Vom Rentiermoos zur Mellenburg

Vor langer, langer Zeit, etwa vor 15 000 Jahren, als der Norden Deutschlands noch unwirtlich war, das Eis sich allmählich zurückzog, ergoß sich ein reißender Schmelzwasserstrom durch die auf 200 Meter Breite angeschwollene Alster. An den Ufern breitete sich Tundra aus. Arktische Moose und Flechten bedeckten das Land.

Der Sommer währte knapp zwei, wenn's hochkam drei Monate. Während der wärmeren Jahreszeit strömten die Rentiere aus ihren südlichen Winterquartieren nach Norden, um sich an ihrer Lieblingsspeise, dem Rentiermoos, gütlich zu tun. Unsere Urgroßeltern, noch mit dem Faustkeil bewehrt, begleiteten ihre Tiere. Datierte Knochenfunde im Alstertal belegen das. Erst später, als es in unseren Breiten wieder wärmer wurde, begannen die Menschen hier feste Behausungen zu bauen.

Im Mittelalter schützten sich die ortsansässigen Sachsen gegen die „bösen" Wenden durch ausgedehnte Burganlagen. Die bekannteste Fluchtstätte an der Oberalster ist wohl die um 1000 errichtete Mellenburg. Heute noch kann man sich gut vorstellen, wenn man an der Mellenburger Schleuse steht – übrigens der einzig erhaltenen und restaurierten Schleuse aus der Zeit de Berufsschiffahrt auf der Alster (siehe Seite 25) –, daß es ein ausgezeichneter Platz für eine Fluchtburg ist: Die große Alsterschleife diente als natürlicher Burggraben. Ein Schutzwall war der einzige Landzugang. Die Überreste des Walls kann man westlich der Straße Mellingburgredder erkennen.

Das 1757 erbaute Wellingsbüttler Torhaus beherbergt heute das Alstertal-Museum, wo man sich zum Beispiel über die Geschichte der Frachtschifffahrt auf der Oberalster informieren kann.

Karriere eines Mühlenteiches

Heller Naturstein oder weißer, hellgrauer oder weißfarbig gebrochener Putz für die Außenwände, graue oder kupfergrüne Bedachung..." – schreibt die Binnenalster-Verordnung vor. Grundeigentümer haben sich danach zu richten: Das heißt, bunte Fassaden sind absolut verpönt. Auch für die Außenalster gelten ähnlich strenge Vorschriften. Denn schließlich ist der 184 Hekter große See, zu dem die Alster aufgestaut ist, die Visitenkarte der Hansestadt.

Daß es sich um ein künstlich angelegtes Gewässer handelt, dürfte der flüchtige Besucher kaum ahnen. Eigentlich dreht es sich bei der Binnen- und Außenalster um einen karrierebewußten Mühlenteich, der zum See avancierte. Anfang des

12. Jahrhunderts begann man am heutigen Jungfernstieg das Wasser des bescheidenen Alsterflüßchens aufzustauen, um die Räder einer großen Kornmühle anzutreiben. Der Jungfernstieg, der heute beste Geschäftsadresse ist, war vor jenen siebenhundert Jahren nur ein schmales häßliches Dämmlein.

Die Alster trennt so „ungemein", pflegten die „besseren" Damen aus Harvestehude noch vor hundert Jahren zu bemerken. Schlimmste Befürchtungen waren mit diesen wohlgewählten Worten verbunden: Was wäre, wenn eine ihrer Töchter einen Gemahl von der „falschen" Seite, dem östlichen Alsterufer, erwählen würde? Dort drüben nämlich, auf der Uhlenhorst, wohnte – abgesehen von einigen viel zu freizügigen Überseekaufleuten – auch allerlei „niederes Volk". Das westliche Alsterufer hingegen, Harvestehude, das war die „richtige" Seite. Hier lebte der Hamburger Kaufmannsadel

Fuhlsbütteler Schleuse

direkt am Wasser in gepfegtem Grün. Bis 1952 reichten die Privatgärten der Anwohner des Harvestehuder Wegs bis unmittelbar an die Alster. Für die „Internationale Gartenbau-Ausstellung 1953" kaufte die Stadt mit mehr oder weniger sanftem Druck die Gärten auf und machte sie der Allgemeinheit zugänglich.

Daß ihr Ausspruch „Die Alster trennt so ungemein", einmal orakelhafte Bedeutung erhalten würde, ahnten die Harvestehuder Matronen des vorigen Jahrhunderts wohl kaum: Das amerikanische Konsulat hat es in eine weiße Villa am Alsterufer in Harvestehude verschlagen. Die Briten wußten schon von vornherein, daß man nur am westlichen Ufer sein Domizil einrichten kann. Am Feenteich, einer Bucht des östlichen Alsterufers,

Alsterdorf
Rudern noch im November

Schöne grüne Alsterfreizeittummelspiel-und Ködelwiese

wurden folgerichtig die Russen ansässig. Kleiner Webfehler im West-Östlichen-Alsterdiwan: Das Gästehaus des Senats liegt auch am Feenteich.

Nur für zahlende Gäste an der Alster: Die beiden Exclusiv-Hotels „Atlantic" und „Vier Jahreszeiten". Großverdiener, wie die beiden Versicherungsgruppen „Albingia" und „Volksfürsorge", die Tabak-Holding „Batik" sowie der „Gruner + Jahr Verlag" warten natürch auch mit einer Alster-adresse auf. Zu den Alt-Ansässigen an der Alster gehören Hamburgs ältestes Bankhaus „Berenberg-Goßler" und die „Hapag", Deutschlands größte Reederei. „Wichtige Gespräche wirtschaftlicher, aber auch politischer Natur führt man im „Übersee-" oder im „Anglo-German-Club". Wo? An der Alster natürlich!

Schlanke Taillen, schöne Bilder

„Befördrer vieler Lustbarkeiten, du angenehmer Alster=Fluß!" – So reimte Friedrich von Hagedorn (1708–1754), Sohn eines dänischen Gesandten. Er liebte die Alster wie kein anderer. Sein Freund Friedrich Gottlieb Klopstock (1724–1803) hat zwar die Alster nicht besungen, ließ sich dafür aber an ihren Gestaden häuslich nieder. Heinrich Heine (1797–1856) zog es stets zum Jungfernstieg. 1831 beschrieb er euphorisch „die Mädchen und den heiter sanften Himmel und den langen Petriturm mit der schlanken Taille und die stille blaue Alster, worauf die Schwäne so stolz und so lieblich und so sicher umherschwammen". Hoffmann von Fallersleben (1798–1874) dichtete zehn Jahre später, als er das Deutschlandlied schrieb, bei einem Aufenthalt in der Hansestadt: „Wie schöne Bilder bot mir jeder Tag, wenn in der stillen Alster sich ein Meer von schönen Häusern ringsum spiegelte..." Eher profan äußerte sich Gorch Fock (1880–1916), für den Seefahrt bekanntlich not war, zum Thema Alster: Sie sei „voll weißer Segel".

Hochbahnbrücke
am Leinpfad
1. Oktober 86
Dahinten die Eppen=
dorfer Kirche

Strandung der dicken „Helene"

„Damen mit ungesicherten Hutnadelspitzen sind von der Beförderung ausgeschlossen", stand auf kleinen Schildern an Bord der Alsterdampfer. Das war kurz nach der Jahrhundertwende, als die weiße Flotte ihre größte Zeit hatte. Das Jahr 1911 brachte den Rekord: 38 Dampfer hatten rund 11 Millionen „Beförderungsfälle". Die Zahl wurde seitdem nie wieder auch nur annähernd erreicht.

Die Schiffe dienten damals vorwiegend dem Berufsverkehr. Für die Fahrt zahlte man 10 Pfennig. Auch für Nachtschwärmer war gesorgt: Zwischen ein und vier Uhr morgens legte alle 20 Minuten ein Dampfer vom Jungfernstieg ab.

H Hudemann
November 86
Am Mühlenteich

(Kann man angesichts dieser paradiesischen Zustände heute nicht vor Neid erblassen? Was wird uns um diese Zeit denn jetzt geboten?)

Nachdem wir nun soviel Glanzvolles über die Alsterschiffahrt während der Kaiser-Ära vernommen haben, wollen wir uns dem Übel zuwenden, mit dem alles begann: Der Assekuranzmakler Gustav Adolf Droege, wohnhaft auf der Uhlenhorst, hatte die umständliche Kutschfahrt genauso satt wie die langweilige Ruderei auf der Alster. Nach vielen Behördengängen erhielt er endlich 1856 eine Konzession zur Errichtung einer regelmäßigen Dampfschiffahrt zwischen Eppendorf und dem Jungfernstieg. Sofort ließ er vom Rhein den Raddampfer „Stadt Mühlheim" kommen. Das 23 Meter lange Schiff wurde von Amsterdam in den Hamburger Hafen überführt. Unterwegs hatte man die Maschine, wie es sich gehört, mit Wasser gekühlt. Allerdings mit salzigem Nordseewasser. Das war dem Dampfkessel nicht gut bekommen. Er gab seinen Geist auf. Zu allem Unglück bekam das Schiff obendrein noch ein Leck und sank schließlich im Hafen. Aber Droege, nimmermüde, schaffte schon 1857 Ersatz:

Gästehaus des Senats Schöne Aussicht

„Helene" taufte er seine neue Errungenschaft. Das gute Mädchen war indessen allzu füllig geraten und paßte nicht durch die Alsterschleuse. Erst als Aufbauten und Radkästen abgenommen wurden, ließ sie sich auf die Alster bugsieren. Am 3. August 1857 fand dann die denkwürdige Probefahrt statt. Die Prüfungskommission war in bester Stimmung. Als die Fahrt fast beendet war, geschah das Malheur. Am Schwanenwik strandete „Helene".

Die Herren Senatoren mußten an Land waten und von dort aus zu Fuß in die Stadt gehen. Das Ergebnis der Prüfung läßt sich leicht erraten. Schließlich wurde „Helene" nach Rußland verkauft, wo sie jahrelang als Wolgaschiff brave Dienste tat.

Was Droege nicht gelang, erreichte der Schiffsmakler Johann Peter Parrau zwei Jahre später. Mit dem 13 Meter langen Alsterschiff „Alina" eröffnete er am 10. März 1859 eine Alsterschiffahrtsverbindung zwischen Jungfernstieg und Winterhude. Des großen Erfolges wegen konnte er bereits zwölf Monate später ein zweites Schiff in Dienst stellen. Der Grundstock für die erfolgreiche Alsterflotte war gelegt. Der Erste Weltkrieg jedoch brachte das Unternehmen nahe an den Ruin. Die Stadtväter retteten den Betrieb 1919, indem sie ihn verstaatlichten und der Hamburger Hochbahn angliederten. Heute hat die Alsterschiffahrt im öffentlichen Nahverkehr leider keine Bedeutung mehr. Die Schiffe mit ihren touristischen Rundfahrtprogrammen dienen ausschließlich dem Plaisier.

Wenn die Alster steht

dat is all'n beeten länger her!

ATLANTIK
Außenalster 1986

Kaufmannsparade in der Sechser-Gig

Unter dem Baldachin im Heck saß zierlich behandschuht das applaudierende Publikum, während zehn junge Männer in gleichmäßigem Rudertakt sich mühten, mit „full speed" über die Außenalster zu brausen. Ein anmutiges Bild aus dem 19. Jahrhundert, als der deutsche Ruder- und Segelsport noch in den Kinderschuhen steckte. Admiral's Cupper können sich da nur mit Grausen abwenden: Derartiger Ballast im Heck würde heute jede Siegeschance zunichte machen.

Aber natürlich nahm man schon damals den Wettkampf auf dem Wasser sehr ernst. Als im Frühjahr 1836 in Hamburg ansässige englische Kaufleute den „Union Boat Club"

gründeten und sich aus London eine Sechser-Gig bestellten, weil sie auf den aus ihrer Heimat gewohnten Rudersport nicht verzichten mochten, wollte die junge Hamburger Kaufmannsgarde den Ausländern die Alster nicht allein überlassen und gründete am 18. Juli 1836 postwendend den ersten deutschen Ruderclub. Der Funke sprang sofort über. Immer mehr junge Männer begeisterten sich für den schweißtreibenden Sport und fanden sich in weiteren Clubs zusammen.

Am 22. September 1844 böllerte über die Außenalster der Startschuß für die erste offizielle deutsche Regatta. 118 Mann gingen mit 24 Booten in vier Rennen auf eine Strecke

Krugkoppelbrücke

von vier Kilometern. Start und Ziel war das Uhlenhorster Fährhaus. Wie das Rudern, so hat auch der deutsche Segelsport seinen Ursprung in der Hansestadt. Die erste offizielle Segelregatta wurde auf der Alster am 26. Juli 1850 ausgetragen. Seit dieser Zeit veränderte sich kaum etwas: Wie eh und je sind Segeln und Rudern das A und O auf der Alster. Renommierte Segel- und Ruderclubs, die meisten wurden im vergangenen Jahrhundert gegründet, haben ihren Sitz unmittelbar an der Alster: Norddeutscher Regatta-Verein, Alster-Piraten Club, Hamburger Segel Club, Hamburger und Germania Ruderclub, RC Allemania, Rudergesellschaft Hansa und RC Favorite Hammonia. Auf die Emanzipation an Deck mußte die ehemals zierlich behandschuhte Damenwelt sehr lange warten. Denn erst nach dem Zweiten Weltkrieg wurde bei fast allen Clubs eine Damenabteilung eingerichtet.

„Sie liegt da und sieht aus..."

Auf ihre republikanische Tradition sind die Hamburger noch heute mächtig stolz. So rühmen sie sich, eine der ältesten noch intakten Stadtrepubliken der Welt zu sein. Aber wehe, wenn Majestäten anreisen: Dann wird die Republik über Bord geworfen, tief in das Stadtsäckel gegriffen. Für Kaiser Wilhelm II. türmten sich Kaiserpavillon, Garten- und Strandinseln mit Wandelgängen und Aussichtsturm auf der Binnenalster, als er 1895, anläßlich der Eröffnung des Nord-Ostsee-Kanals in Hamburg weilte.

Zu Ehren des Besuches König Wilhelms von Preußen 1868 wurde Schloß Babelsberg als illuminierter Bretternachbau auf die Alster gezaubert. Sängerfeste, ja sogar Kongresse wurden einst auf künstliche Inseln in der Binnenalster verlegt. Schaurig-schöne Erleuchtungen, bengalische Feuerwerke genehmigten sich die Hanseaten so dann und wann ganz ohne Anlaß.

Im Winter zog es alle natürlich aufs Eis, um Schlittschuh zu laufen. Fliegende Händler verkauften Glühwein und Würstchen. Schöne Damen ließen sich per Schlitten über das Eis kutschieren. An dieser Szenerie hat sich – bis auf den feinen Schlitten – wenig geändert.

Lediglich die Sommerfeste sind bescheiden geworden. So begnügt man sich heute mit Jahrmarktsbuden, akrobatischen Auftritten, ein wenig Musik und Theater. Der Zeitgenosse hält es am besten mit dem Spötter Kurt Tucholsky, der die Alster mit den Worten lobte: „Sie liegt da und sieht aus…"

Den besten Blick auf die Stadt, die Türme und ihren „City-See" hat der Betrachter von der Lombardsbrücke, die

Hallo! wie geht's?
Alsterfleet vun boben 26.1.86
Alsterwanderweg bei der Stadthausbrücke

HH. 21.8.06 Reesendammbrücke, Kleine Alster

übrigens nach einer wenig attraktiven Lokalität, dem früher dort ansässigen städtischen Pfandhaus „Lombard" be= nannt wurde. Begehrliche Blicke warfen die kaiserlichen Feldherren Tilly und Wallenstein während des Dreißigjährigen Krieges (1618-1648) auf die reiche Kaufmannsmetropole im Norden. Die aber war gut ge= rüstet: Ein uneinnehmbarer Festungsring spannte sich von der Elbe zur Alster. Dabei kam es zur Aufteilung des „Mühlenteiches" in Binnen- (in der Stadt) und Außenalster. Nur ein schmaler Durchstich,

über den sich heute Lombards- und Kennedybrücke spannen, blieb übrig. Eine List der Hanseaten während des Zweiten Weltkrieges hingegen war weniger erfolgreich. Mit Netzen und Attrappen versuchte man Binnen- und Außenalster im Blickfeld der britischen Bomberpiloten zu verschieben, um die Innenstadt vor dem Luftbombardement zu bewahren. Doch die Engländer bemerkten die Täuschung.

Blick aus der Baubude

Ehe die Hamburger beim neuen Verkehrsknotenpunkt „Jungfernstieg" zwischen S- und U-Bahn, Bus und Alsterschiff umsteigen konnten, mußte das Wasser in der Kleinen Alster teilweise abgelassen und eine tiefe Baugrube ausgehoben werden. Es fand sich hier mancherlei Schutt vom Hamburger Brand von 1842, durchsetzt von altem Geschirr und einigen schönen heilen Porzellan-Pfeifenköpfen. Der fließende Verkehr durfte bei den Bauarbeiten nicht gestört werden. Meine Zeichnung zeigt die Spundwände der Reesendammbrücke; links fährt noch eine Straßenbahn, die heute längst aus dem Hamburger Straßenbild verschwunden ist.

Tschüs Alster!

Bei der Schaartorschleuse ist es um die Alster geschehen: Sie schickt ihre Wasser in die Elbe und verschwindet in der großen weiten Welt. Normalerweise ganz sanft und leise. Aber wenn die Elbe Hochwasser führt, dann wird die Schleuse geschlossen, damit das Elbwasser nicht in die Alster dringen kann. Ein Schöpfwerk tritt in Aktion und pumpt das Alsterwasser in die Elbe, die die Alster jetzt aufnehmen muß, ob sie will oder nicht.

Mündung der Alster in die Elbe. An der Schaartorschleuse / Binnenhafenbrücke am Baumwall. 18.9.86

Inhaltsverzeichnis

Aus diesen Werken haben wir unsere Weisheiten geschöpft:

1. Außenalster-Verordnung vom 29. Mai 1955.
2. Binnenalster-Verordnung vom 3. Mai 1949.
3. Prof. Dr. Kurt Ferber, Die Legende vom Vermögen der Alsterschwäne, Hamburgische Geschichts- und Heimatblätter Nr. 2, Mai 1934.
4. Prof. Dr. Wilhelm Füßlein, Die Burg Wohldorf, 1937.
5. Prof. Dr. Wilhelm Füßlein, Geschichte der Hamburgischen Walddörfer, 1937.
6. Erwin Garvens, Die Stadt an der Alster, 1955.
7. Hamburger Abendblatt (Hrsg), So schön ist Hamburg 2. Band, 1981
8. Gerd Klepzig, Hamburg deine Alster, 1980.
9. W. O. Paul Kettel, Naturpark Oberalster, 1976.
10. Wilhelm Melhop, Die Alster, 1932
11. Hans H. Müller, Chronik der weißen Flotte, 1969.
12. Harald Nieß, Schwäne auf der Alster, Sonderdruck aus dem Alster-Jahrbuch 1965.
13. Friedrich Sparman, Links und rechts der Oberalster, o.J. Helmuth Thomsen (Hrsg), Hamburg, 1962.

CIP-Kurztitelaufnahme der Deutschen Bibliothek
Hudemann, Hildegard:
Alsterspaziergang: von der Quelle bis zur Mündung
Hilde Hudemann. Mit Texten von Rita Gramm. -
Hamburg: Christians 1987
JSBN 3-7672-9977-1
NE: Gramm, Rita:

Gesamtherstellung Hans Christians Druckerei Hamburg
Lithos Gries GmbH, Ahrensburg
JSBN 3-7672-9977-1
Printed in Germany 1987

Hol.
86

BAT
HOTEL
ALSTERHO
CHRISTIANS
STAATSOPER
18. u. 19. 8. 1986
Blick vom
Unileverhaus auf d
Außen- und Binnena